Édouard Groult

De père franco-belge et de mère dominicaine, mon enfance a baigné dans une atmosphère cosmopolite très enrichissante, c'est sûrement ce qui a mené mes pas vers le milieu du dessin.

Même si j'ai très vite développé un goût pour l'Histoire, durant toute ma scolarité jusqu'au bac, il était évident que dessiner serait mon métier.

Après de multiples rencontres et quelques voyages, je me suis orienté vers l'école de Liège où j'ai acquis mon diplôme d'illustrateur en 2010.

Aujourd'hui, je dessine des personnages et des univers pour une compagnie de jeux vidéo à Oxford.

Mais mon goût du dessin est tel, que, même pendant mes heures perdues, je dessine pour l'édition, ce qui me permet de vivre pleinement ma passion.

Collection **HISTOIRE EN TÊTE**

Hélène **Montardre**

Sur la piste des Marseillais

suivi de

L'école de la liberté

Illustrations de
Édouard **Groult**

Collection dirigée par
Serge **Boëche**

SEDRAP Jeunesse

Hélène Montardre

Je suis née en 1954 à Montreuil, mais mes racines se trouvent dans les monts du Forez.

Petite, quand on me demandait ce que je voudrais faire plus tard, je répondais : écrire, voyager, avoir des enfants. Cela ne correspondait à aucun métier précis… Alors, j'en ai exercé plusieurs…

Les voyages ? Ils ont toujours fait partie de ma vie.

Les enfants ? J'ai deux filles.

L'écriture ? L'écriture a toujours été une certitude, un fil conducteur, un besoin, un moyen de transmettre rêves, envies, espoir, mais aussi la force et la fragilité de la vie et de la mémoire. Mes livres, romans, albums, contes, documentaires – une soixantaine publiés à ce jour – s'adressent aux enfants, aux petits, aux grands, aux ados et à tous ceux qui ont envie d'y mettre leur nez.

Sur la piste des Marseillais

Adrien interrompt son geste. Il allait soulever le panier qu'on lui a confié quand il l'a aperçu. Juste une ombre, un *geste furtif*[1] et hop ! l'œuf a disparu. Un voleur ! Et malin… La marchande n'a rien vu.

« Alors, Adrien, tu viens ? l'appelle une voix.

– J'arrive, j'arrive, marmonne-t-il. »

Il empoigne son panier et emboîte le pas à sa propriétaire. Pour un sou, il lui portera son bien jusqu'à son domicile. Puis il reviendra en courant aux Halles chercher une autre cliente.

C'est son travail à Adrien. Et en ce jour de juillet 1792, malgré les événements qui, depuis trois ans, bouleversent le pays, il est bien occupé.

Chaque matin, à peine le jour levé, il est aux Halles où il loue ses bras. Les *maraîchers*[2] arrivent des villages voisins pour proposer leurs légumes. Adrien offre ses services : il décharge les charrettes des paysans, les aide à mettre en place leurs marchandises. Déjà, les cris des poissonnières résonnent. À cette heure matinale, elles sont

[1] *Un geste rapide, vif.*
[2] *Paysans qui cultivent des légumes.*

encore un peu enrouées, mais dans une heure, elles attireront le client à belle voix.

Quand les premières ménagères arrivent, Adrien avale un *quignon*[3] de pain et change de travail. Il porte les paniers pleins de courses. Il a sa clientèle, qui se montre souvent généreuse car Adrien est vif, souriant et serviable.

« Pose ça ici », ordonne sa cliente en désignant un coin de la cuisine dans laquelle ils viennent de pénétrer.

Elle tire une pièce de sa bourse.

« Voilà pour toi.

– Merci ! lance Adrien avec un grand sourire. À demain !

– À demain, Adrien. »

Adrien est déjà loin. Ses *galoches*[4] claquent sur les pavés. Il se dépêche car sa cliente suivante ne va pas tarder à terminer ses courses.

Il passe devant le marchand de gaufres en ouvrant grand ses narines. Quel parfum ! L'eau lui monte à la bouche. Il est pressé et s'arrête pourtant. Il vient de l'apercevoir ! Un bras maigrichon, un poignet qui l'est tout autant, une main habile… Cette fois, c'est tout un morceau de pâte à peine cuite qui vient de disparaître !

Adrien fronce les sourcils. Il est né ici. Il a grandi ici. Il connaît tous les gamins des Halles qui, comme lui, viennent y gagner leur pain. Il connaît aussi tous les voleurs !

[3] *Morceau de pain.*
[4] *Chaussures avec des semelles en bois.*

Mais ce bras maigrelet, il est sûr qu'il ne l'a jamais vu.

« Adrien ! Adrien ! »

Sa cliente l'appelle.

« J'arrive ! » hurle-t-il.

En empoignant les deux lourds paniers, il se jure d'éclaircir ce mystère.

Quand il revient, le marché se termine et il a le temps à présent.

Il se poste dans l'ombre et fouille la foule du regard.

Le voilà ! Cette fois-ci, c'est une pêche que convoite le voleur. Il est si menu que personne ne lui prête attention. Adrien le voit tendre le bras, il voit la main se refermer sur le fruit et le gamin qui recule. Il bondit. Ses doigts enserrent le poignet du voleur qui étouffe un cri.

« Alors, on se sert partout ? » murmure Adrien à son oreille.

Il n'a pas le temps d'en dire plus.

D'un geste vigoureux, l'autre se libère. Le temps d'une seconde, Adrien croise un regard tout bleu puis il se sent basculer en arrière avant de tomber sur les fesses tandis que l'autre s'enfuit.

Adrien se relève et ramasse la pêche qui a roulé sur le sol. Elle ne sera pas perdue pour tout le monde !

Adrien a douze ans. Il pourrait dormir dans la rue comme d'autres gamins de son âge, mais, depuis la mort de sa mère, Jeannot, un fort des Halles qui charrie sur son dos de lourds sacs de grains, l'a adopté.

Adrien lui fait la cuisine et, en échange, Jeannot lui fournit le gîte.

Ce soir-là, en regagnant son quartier, Adrien a la désagréable impression d'être suivi. À plusieurs reprises, il se retourne. Personne. Est-ce sa chute sur les fesses qui lui donne des visions ?

Aussitôt rentré, il prépare la soupe et, celle-ci sitôt avalée, il file se coucher. La journée a été longue et demain, il se lève tôt.

En effet, quand il pousse la porte, le jour n'est pas encore levé. Le regard ensommeillé, il s'éloigne. Puis, il s'arrête. Il réfléchit quelques instants. Fait demi-tour. Il a le sentiment d'avoir vu quelque chose d'inhabituel. Mais quoi ?

Le voilà revenu à son point de départ. Il a trouvé ! Cette forme immobile sous le porche… Les autres matins, elle n'y est pas. Il s'approche à pas de loup. De quoi s'agit-il ? D'un *ballot*[5] de vêtements tombé d'une charrette ? Ce serait une aubaine.

Délicatement, il soulève un morceau de drap rugueux et un visage apparaît.

Dans la pénombre, Adrien distingue mal les traits. Il se penche un peu plus, retient une exclamation de surprise. L'autre vient d'ouvrir les yeux. Des yeux d'un bleu qu'il n'est pas près d'oublier.

[5] *Un paquet.*

Le jeune voleur se redresse vivement, bien réveillé tout d'un coup. Adrien l'arrête d'un geste ferme. Cette fois-ci, il ne se laissera pas surprendre !

« Te revoilà, toi ! s'exclame-t-il. Qu'est-ce que tu fais là ? »

Il comprend soudain.

« Tu m'as suivi ! C'est toi qui étais sur mes pas, hier soir, n'est-ce pas ? »

L'autre baisse la tête.

« Qu'est-ce que tu me veux, à la fin ? s'énerve Adrien.

– Je ne savais pas où aller », répond l'inconnu d'une petite voix.

Adrien n'a pas besoin d'en entendre plus. L'accent qui résonne dans les paroles du jeune voleur parle pour lui.

« Toi, tu n'es pas d'ici ! dit-il. Tu viens d'où ?

– De Marseille. »

Adrien a le souffle coupé.

« Marseille, répète-t-il. C'est dans le Sud, ça.

– Au bord de la mer, précise l'inconnu.

– Quand es-tu arrivé à Paris ?

– Hier. Je ne connais personne. J'avais faim. J'ai cherché le marché.

– Et tu es arrivé aux Halles, complète Adrien.

– C'est ça. Je ne savais pas où passer la nuit, alors je t'ai suivi. Je t'ai vu entrer en face, ici il y avait ce porche, je m'y suis abrité.

– Mais pourquoi moi ? s'étonne Adrien.

– Je te l'ai dit : je ne connais personne ! »

Adrien se gratte la tête. Le jeune inconnu est sympathique, même s'il est un peu voleur.

« Je me mets en retard, marmonne-t-il.

– Tu fais quoi ? interroge l'autre.

– Je vais aux Halles, tiens ! »

Adrien prend sa décision d'un coup.

« C'est quoi ton nom ? demande-t-il.

– Augustin.

– Moi, c'est Adrien. Augustin, accompagne-moi. Tu vas m'aider. »

Pour sceller leur amitié, ils échangent une poignée de main. Puis Augustin roule la cape qui lui a servi de couverture et suit son nouveau compagnon.

Le jour se lève et Adrien partage son croûton de pain avec Augustin tandis qu'ils finissent de décharger les charrettes.

« Que viens-tu faire à Paris ? demande-t-il.

– Chercher mon frère Joseph, répond Augustin.

– Qu'est-ce qu'il fait ici, ton frère ?

– Tu as entendu parler des *fédérés*[6] ?

– Si j'en ai entendu parler ! s'exclame Adrien. Oui, plutôt ! L'Assemblée législative a décidé de les convoquer le 5 mai. Même que le roi était contre, mais ça s'est fait quand même. Ceux de Toulon sont déjà arrivés.

[6] *Révolutionnaires organisés dans une association, une fédération.*

Et ceux du Finistère aussi. Il y a trois jours, on leur a offert un banquet, place de la Bastille. Quel rapport avec ton frère ?

– Mon frère fait partie des fédérés marseillais.

– Ils ne sont pas encore arrivés, ceux-là, dit Adrien. On les attend. Tu lui veux quoi à ton frère ?

– Il est trop jeune, explique Augustin. Il a menti sur son âge pour qu'on l'emmène. Mais notre mère n'est pas d'accord. Elle ne veut pas qu'il parte déjà à la guerre…

– Et elle t'a envoyé le chercher, conclut Adrien.

– Euh !… Pas exactement… murmure Augustin.

– Tu t'es enfui ! s'exclame Adrien.

– Ben… Si je lui avais dit que je partais chercher Joseph, jamais elle m'aurait laissé faire !

– Donc tu es parti sans rien demander, fait Adrien avec une nuance d'admiration dans la voix.

– C'est ça.

– Eh bien, tu es arrivé avant lui !

– Je m'en suis aperçu. Je pensais les rejoindre en route et hier, en entrant dans Paris, j'ai appris que les fédérés marseillais n'étaient pas encore là !

– Ça, c'est vrai, confirme Adrien. Tu es le premier Marseillais à débarquer ici.

– Holà ! Adrien ! lance une servante. Tu as de l'aide ce matin ?

– Oui ! répond Adrien en se précipitant.

– Ça tombe bien, poursuit la servante. Mes maîtres reçoivent et j'ai deux fois plus de provisions à transporter. Tiens, petit, prends ce panier. »

Durant toute la matinée, Adrien et Augustin travaillent côte à côte. Peu avant midi, un frémissement parcourt le marché.

« Les fédérés marseillais arrivent ! » lance une voix.

Augustin laisse tomber le panier qu'il porte et se tourne vers Adrien avec un grand sourire.

« C'est eux !

– On finit d'abord le travail », bougonne Adrien.

Mais Augustin ne tient plus en place. D'ailleurs, plus personne ne tient en place, comme si un vent de folie soufflait sur les Halles.

« Ils sont des centaines ! » lance un gamin qui file aussitôt en courant pour ne rien manquer du spectacle.

« Ils défilent au pas ! » crie un autre.

« Ils chantent ! » raconte un troisième.

Jamais les marchands n'ont remballé leurs marchandises aussi vite. Ils ont très envie de voir les fameux Marseillais, eux aussi !

Augustin lance un regard suppliant à Adrien.

« On y va ! » décide celui-ci.

Ils se mêlent à la foule qui s'écoule dans les rues.

« Où sont-ils ? demande Augustin. Tu le sais ?

– Pas compliqué, réplique Adrien. Il n'y a qu'à suivre ! »

Plus ils approchent, plus la cohue est dense et plus le vacarme grandit. Enfin, Adrien et Augustin débouchent sur une avenue.

« Ils sont là, tes Marseillais ! indique Adrien.

– On ne voit rien », gémit Augustin.

En effet, des rangées d'hommes, de femmes et d'enfants les séparent de la voie centrale où les fédérés défilent.

Adrien attrape le bras de son compagnon.

« Viens ! »

Ils se faufilent jusqu'à une murette. Elle est déjà occupée, mais Adrien pousse les uns et les autres et parvient à leur faire une petite place. De là, ils dominent tout.

Les Marseillais défilent d'un bon pas sous les vivats de la foule. Et soudain, un chant jaillit de leur gorge, si fort, si puissant que tous se taisent pour l'écouter.

« *Allons enfants de la patrie, le jour de gloire est…* »

« C'est quoi, ce chant ? questionne Adrien.

– C'est le Chant de guerre pour l'armée du Rhin, explique un *badaud*[7].

– Bientôt, on l'appellera *La Marseillaise* ! intervient Augustin.

– C'est vrai qu'ils le chantent bien, commente le badaud. Toi aussi tu viens de Marseille ?

[7] *Personne qui fait partie du public.*

– Oui ! répond Augustin. Comme eux ! ajoute-t-il fièrement en désignant les fédérés.

– Ton frère serait parmi eux ? murmure Adrien.

– Pour sûr !

– Tu le vois ? »

Augustin écarquille les yeux.

« Non. Ils sont trop nombreux. Et nous sommes trop loin ! »

Pas facile, en effet, de repérer un jeune garçon au milieu de ces six cents hommes.

« Suivons-les ! » déclare Adrien en dégringolant de leur perchoir.

Ils ne vont pas loin. Tout le monde a eu la même idée ! Impossible d'approcher les Marseillais qui rejoignent les Champs-Élysées où un banquet va leur être servi.

« Nous n'en saurons pas plus aujourd'hui, soupire Adrien. Moi, je rentre. »

Augustin baisse la tête et Adrien n'hésite pas longtemps.

« Viens avec moi. Je suis sûr que Jeannot sera d'accord pour que tu passes la nuit chez lui. »

Adrien ne s'est pas trompé. Jeannot détaille le nouveau venu, écoute son histoire et déclare :

« Adrien a bien fait de t'amener ici. Il faut savoir s'entraider. Allez, préparez la soupe, tous les deux ! »

Les deux amis se mettent à l'épluchage des légumes. Puis, tandis que leur repas cuit, Adrien montre à Augustin le réduit où il passe ses nuits.

« Tu dormiras ici, avec moi. On se serrera. »

Mal à l'aise, Augustin examine l'étroite paillasse jetée sur le sol avant de désigner le dessous de l'escalier.

« Et là, personne ne dort ? demande-t-il.

– Non, répond Adrien, surpris.

– Alors, je dormirai ici », annonce Augustin.

Adrien ne dit rien, mais il pense que son nouveau compagnon est bien délicat pour ne pas vouloir partager sa *couche*[8] !

Le lendemain, les nouvelles sont sur toutes les lèvres : sitôt arrivés, les Marseillais se sont battus avec les gardes nationaux parisiens ! On raconte que ces derniers, qui sont du côté du roi, les ont insultés et, bien sûr, les Marseillais ont riposté.

« Les gars de chez nous, commente Augustin, faut pas les provoquer. »

Et il ajoute :

« Pourvu que mon frère ne soit pas blessé.

– Allons voir, propose Adrien en l'entraînant. »

Il n'y a plus rien à voir. La place a été nettoyée et les Marseillais se sont répartis dans les différents quartiers.

« Comment faire pour retrouver Joseph, maintenant ? » se lamente Augustin.

Adrien essaie de le réconforter.

[8] *Lit.*

« Paris n'est pas si grand ! Tu finiras bien par le rencontrer, ton Joseph.

– Si, c'est grand ! proteste Augustin. Comment veux-tu que je le croise par hasard ?

– Eh bien, propose Adrien, promenons-nous dans les rues et questionnons les fédérés que nous voyons. »

La ville est grande effectivement, et les rues grouillent de ces hommes qui arrivent des différentes provinces. Chaque fois qu'ils en voient un, Adrien donne un coup de coude à Augustin et interroge :

« C'est lui ? »

Augustin secoue la tête.

Le soir arrive sans qu'ils aient découvert le moindre indice.

Le lendemain et les jours suivants, ils reprennent leurs recherches sans plus de succès. Les Marseillais ont été transférés dans l'ancien couvent des Cordeliers, transformé en caserne, mais impossible d'approcher.

L'humeur d'Augustin *s'assombrit*[9]. Il est toujours vaillant pour aider Adrien aux Halles ou préparer la soupe du soir, mais plus jamais il ne sourit. Le soir, sitôt son repas avalé, il se réfugie sous l'escalier, s'enveloppe dans sa cape, tourne le dos à Adrien et Jeannot et fait semblant de dormir.

[9] *Devient grave, sérieux, triste.*

« Il n'est pas drôle, ton copain », commente Jeannot.

Adrien est d'accord.

Dans Paris, l'effervescence monte. Aux Halles, les nouvelles circulent.

« On ne peut plus reconnaître l'autorité du roi », disent les uns.

« Mais le roi reste le roi », protestent les autres.

« Il est où, le roi ? interroge Augustin.

– Au *palais des Tuileries*[10], explique Adrien. Le roi et sa famille y vivent depuis que les Parisiens sont allés les chercher à *Versailles*[11], en octobre 1789.

– On peut le voir, le roi ? »

Adrien éclate de rire.

« Bien sûr que non ! Le palais est protégé par les gardes nationaux. Seuls les membres de l'Assemblée peuvent rencontrer le roi. »

L'*effervescence*[12] monte encore. Ceux qui veulent aller chercher le roi aux Tuileries et lui retirer ses pouvoirs sont de plus en plus nombreux.

Aux Halles, Adrien et Augustin sont aux premières loges pour recevoir les nouvelles. Et ce matin, tous ne parlent que d'une chose : les gardes suisses, jusqu'alors cantonnés à Courbevoie, non loin de Paris, ont été rappelés. Leur mission : s'installer aux Tuileries et protéger le roi en cas de besoin.

[10] *Résidence du roi à Paris.* [11] *Château près de Paris.* [12] *La colère, l'énervement.*

La colère gronde.

« Ça va chauffer ! » assure Adrien.

Il a raison.

Dans la nuit du 9 au 10 août, la cloche d'une église se met à sonner. Une deuxième lui répond. Puis une troisième.

Sous son escalier, Augustin se redresse brusquement.

« Aïe ! » s'exclame-t-il.

Dans sa précipitation, il a oublié que l'endroit est vraiment exigu et il s'est cogné la tête.

Jeannot est déjà debout.

Adrien émerge de son réduit, l'air ensommeillé.

« Que se passe-t-il ?

– C'est le grand jour, grogne Jeannot. Vous deux, vous restez ici. Surtout, vous ne bougez pas, quoi qu'il arrive.

– Et toi, tu vas où ? interroge Adrien.

– Aux Tuileries, chercher le roi.

– Tout seul ? » s'étonne Augustin.

Jeannot éclate de rire.

« Non, pas tout seul ! Le peuple de Paris sera là avec les fédérés.

– Et donc avec les Marseillais ! s'exclame Augustin.

– Bien sûr, avec les Marseillais », réplique Jeannot.

Il menace Augustin de la main.

« Mais toi, tu restes ici, avec Adrien. C'est trop dangereux, ce qui va se passer. »

Quand la porte se referme derrière Jeannot, les deux garçons se regardent.

« Joseph doit être là-bas, murmure Augustin.

– Oui, mais avec tous les fédérés et les Parisiens, réplique Adrien, tu n'as aucune chance de le trouver. Et Jeannot a dit de ne pas bouger d'ici.

– Ça m'est égal, fait Augustin.

– Pas moi », rétorque Adrien.

Puis, voyant l'air déterminé de son ami, il ajoute :

« Attendons le matin. Je t'accompagnerai. »

Augustin hésite quelques instants et finit par répondre :

« D'accord. »

Au matin, les deux garçons sentent aussitôt que quelque chose d'inhabituel est en train de se produire. Un curieux silence règne, comme si la ville se taisait. Ils avalent hâtivement un fond de soupe avant de descendre dans la rue.

Il fait grand jour et une sourde rumeur monte.

Adrien entraîne Augustin vers les Tuileries. Ils rejoignent la Seine, longent les quais.

« On approche », indique Adrien.

De fait, des hommes en armes courent dans tous les sens. Soudain, un chant éclate avec toute la puissance d'un chœur d'hommes en colère.

« *Allons enfants de la patrie, le jour de gloire est…* »

Augustin se précipite.

« Ce sont eux ! Ce sont les Marseillais ! »

Il ne va pas loin. Un cordon d'insurgés empêche tout accès au palais des Tuileries.

« N'allez pas plus loin ! ordonne leur chef.

– Nous voulons rejoindre les Marseillais, essaie Augustin.

– Regardez-le, celui-là, s'exclame l'un des hommes. Pas plus gros qu'un moineau et déjà prêt à aller se battre ! Et pourquoi veux-tu rejoindre les Marseillais, petit ?

– Mon frère est parmi eux.

– Eh bien, laisse ton frère faire son devoir et mets-toi à l'abri ! »

Une salve de coups de fusil salue ses paroles et des cris éclatent.

« Aux armes ! Aux armes ! »

Adrien et Augustin sont contraints de reculer. Impossible d'approcher des Tuileries. La foule s'y est rendue en masse, armée de piques, de fusils et de tout ce que les Parisiens ont pu trouver. Les fédérés les accompagnent, mieux organisés et mieux armés.

Puis le fracas des combats résonne et un nuage de poussière s'étire vers le ciel tandis qu'une odeur de brûlé se répand au-dessus de la ville.

Adrien et Augustin repartent vers des quartiers plus calmes. Les rumeurs les plus folles circulent.

« Le roi a réussi à s'échapper ! »

« L'Assemblée a perdu. »

« Il y a des morts ! Beaucoup de morts ! »

Plus tard, un hurlement de triomphe jaillit de milliers de gorges et déferle sur les toits de Paris. Très vite, Adrien et Augustin comprennent pourquoi : les insurgés sont entrés aux Tuileries. Ils ont gagné la bataille.

Toute la journée, les combats se poursuivent.

Le roi et sa famille se sont réfugiés auprès de l'Assemblée. On dit que le sang a coulé et qu'il y a de nombreux morts. Augustin ne cesse de répéter :

« Pourvu que Joseph soit vivant. Pourvu que Joseph soit vivant… »

Adrien, lui, ne dit rien. Il pense à Jeannot.

La journée se termine dans la joie et les larmes et Adrien et Augustin regagnent leur logis, la tête basse.

Enfin, la porte s'ouvre et Jeannot entre en titubant. Adrien se précipite.

« Jeannot ! Tu es blessé !

– À peine. On m'a soigné. »

Il lève un regard brillant vers Adrien et annonce :

« On a gagné, petit ! On a gagné ! Ce n'est plus le roi qui gouvernera, mais le peuple ! Tu entends, petit ? Le peuple. »

Il se tourne vers Augustin.

« J'ai combattu auprès des Marseillais. Ils n'ont pas froid aux yeux, ceux-là !

– Vous avez vu Joseph ? interroge Augustin.

– Pas eu le temps de leur demander leur nom ! » réplique Jeannot.

Il n'a pas le courage d'en dire plus. Il avale l'écuelle de soupe qu'Adrien lui sert, se traîne jusqu'à sa paillasse où il se laisse tomber, épuisé.

La ville est en plein émoi. L'Assemblée législative va élire des conseillers choisis parmi le peuple. Ils remplaceront les ministres. Quant au roi et à sa famille, ils sont internés à la prison du Temple.

Aux Halles, il y a toujours du travail. Même pendant les révolutions, il faut manger ! Et les maraîchers continuent à approvisionner la ville.

Un matin, au milieu des cris des poissonnières, des voix résonnent.

Des voix qui ont un curieux accent.

Augustin se redresse. Cet accent, c'est celui de sa ville natale ! Mieux encore, il reconnaît l'une des voix…

Adrien a entendu, lui aussi. En deux bonds, il est auprès de son ami.

« Des Marseillais ! Ton frère est avec eux ? »

Augustin secoue la tête.

« Non. Mais tu vois celui-là, ajoute-t-il en désignant un colosse, c'est notre voisin. Joseph et lui sont partis ensemble. Lui doit savoir où il se trouve. »

Adrien attrape le bras d'Augustin.

« Viens ! On va lui demander. »

Mais Augustin se dégage et annonce sèchement :

« J'y vais seul. Attends-moi ici. »

Et il s'éloigne avant qu'Adrien ait pu ajouter quoi que ce soit.

Adrien est très vexé. Après tous ces jours passés à s'entraider, son ami le repousse ! Voilà, il retrouve des connaissances et il n'a plus besoin de lui ! Puisque c'est comme ça… Il lui tourne le dos en se promettant de ne plus jamais lui adresser la parole.

Il ne tient pas sa promesse longtemps. La curiosité est la plus forte. Il se glisse derrière son ami.

L'un des Marseillais se retourne alors et son regard tombe sur Augustin. Adrien voit les yeux du Marseillais s'agrandir et sa bouche s'ouvrir sur un « Ô » de surprise. L'homme avance vers Augustin, le dévisage et s'exclame :

« Ça par exemple ! Augustine ! Mais qu'est-ce que tu fais là ? »

Adrien *se fige*[13].

Augustine ?

Il a dû mal comprendre. C'est leur accent, à ces Marseillais, qui déforme tous les mots qu'ils prononcent !

L'homme répète :

« Augustine ! C'est bien toi ! Tu es toute seule ici ?

– Euh !… Non… Enfin, pas vraiment… Je cherche Joseph. Il n'a pas été blessé, au moins ?

[13] *Devient immobile.*

– Joseph ! rugit le Marseillais. Il est resté à Marseille, Joseph !

– Resté à Marseille… »

Adrien se secoue, s'avance. Augustin lui lance un regard gêné.

« Je t'avais dit de ne pas venir », chuchote-t-il.

Adrien l'examine comme s'il le voyait pour la première fois. Ces grands yeux bleus, ce visage délicat, ces bras un peu trop minces… Et cette *réticence à*[14] dormir sur la même paillasse que lui. Il comprend à présent !

« Augustine ? » murmure-t-il.

Le Marseillais ne s'est rendu compte de rien. Il explique :

« Au moment du départ, nos chefs ont découvert que Joseph avait menti sur son âge. Ils l'ont renvoyé chez ta mère. »

Augustin/Augustine pousse un soupir de soulagement.

« Il est sauf, alors !

– Bien sûr qu'il est sauf ! Mais toi, que fais-tu là ? Tu es partie à sa recherche, hein ? Ta mère est au courant ? Non, naturellement… »

Le Marseillais désigne Adrien.

« Et lui, qui est-ce ? »

Adrien avance d'un pas.

« Son ami ! »

[14] *Ne pas avoir envie de.*

« Une fille ! s'exclame Jeannot quand il apprend la nouvelle. Ça par exemple !

– J'étais bien obligée de me déguiser, explique Augustine. Pour voyager, c'est plus facile. Et puis, vous m'auriez accueillie, si vous aviez su que j'étais une fille ?

– Pas sûr… grogne Jeannot.

– Ah ! Vous voyez ! » triomphe Augustine.

Adrien lui lance un regard admiratif.

« Et ta mère ? reprend Jeannot d'un air sévère. Tu y as songé à ta mère ? Elle doit être morte d'inquiétude ! »

Augustine baisse la tête.

« Il fallait bien que je lui ramène Joseph.

– Il est à Marseille, ton Joseph !

– Je ne pouvais pas le deviner… »

Plusieurs jours ont passé.

Plusieurs jours durant lesquels les deux amis ont continué à travailler côte à côte aux Halles. Augustine a conservé sa tenue de garçon.

« Beaucoup plus pratique ! » a-t-elle affirmé.

Et c'est vrai. Les deux «garçons» se faufilent partout et vivent la Révolution au jour le jour. Tout va si vite ! Ils discutent aussi et Adrien se dit qu'une fois Augustine repartie, la vie sera bien terne.

Car un matin, Augustine repart. Les Marseillais ont organisé son retour avec un convoi de voyageurs.

Adrien l'accompagne jusqu'aux portes de Paris. Au moment de se séparer, il lui glisse une petite bourse dans la main.

« Tiens, c'est ce que tu as gagné. »

Elle refuse :

« Non, non, garde-la. C'est pour Jeannot et toi. Vous m'avez tellement aidée.

– Si, j'y tiens, prends ! »

Elle finit par accepter :

« Merci.

– Eh bien… commence Adrien, au revoir, alors.

– Au revoir. »

Ils contemplent le sol tous les deux. Puis Augustine regarde Adrien de ses grands yeux bleus comme pour bien fixer son visage dans sa mémoire. Adrien se dit que, décidément, il n'est pas près d'oublier ces yeux-là. Ils se serrent la main longuement.

« À la vie à la mort ! lance Adrien.

– À la vie à la mort ! » répète Augustine.

Plus loin, lors d'une halte, Augustine ouvre la bourse offerte par Adrien. Au milieu des piécettes, un anneau brille, tout fin, tout doré, juste à sa taille.

« Je reviendrai », murmure-t-elle en le passant à son doigt.

Fin

L'école de la liberté

« Il n'ira pas. »

La voix du père Berthier résonna dans la pièce et Louis baissa la tête.

Il ne savait pas s'il était content ou pas. Y aller lui faisait peur. En même temps, son frère aîné lui en avait tellement parlé qu'il avait quand même envie d'y aller voir.

« Tu as tort, Jules, conclut le maire en tournant les talons. Ton fils a tout à gagner à fréquenter l'école.

– Et moi tout à perdre ! » jeta Jules Berthier.

Quand Martin, le fils aîné, rentra dans la maison, il savait déjà à quoi s'en tenir. Il avait croisé le maire et celui-ci l'avait informé :

« Ton père est têtu comme une mule. Il a dit non. »

Aussi ne s'étonna-t-il pas du silence qui régnait dans la cuisine. Lucette, sa belle-mère, la mère des jumeaux, achevait les préparatifs du repas. Les jumeaux, Louis et Manon, chuchotaient entre eux au coin de la cheminée. Jules Berthier, debout près de la table, finissait le verre de vin qu'il avait partagé avec le maire.

Martin *considéra*[1] son père. Il l'admirait pour la force qu'il déployait dans les travaux des champs et aussi pour sa droiture. Jamais il ne s'était opposé à lui, mais là…

Il jeta un coup d'œil à Lucette. Elle n'était pas sa mère qui était morte alors qu'il n'avait que trois ans. À son décès, Jules Berthier avait épousé la jeune sœur de son épouse défunte. Lucette était donc à la fois sa tante et sa belle-mère et elle l'avait élevé comme son propre enfant. Les jumeaux étaient arrivés quand il avait six ans.

Lucette baissait la tête, refusant de croiser son regard et il comprit qu'elle n'interviendrait pas.

Il prit son courage à deux mains et constata :

« Tu as dit non.

– J'ai dit non, confirma son père.

– Pourquoi ? »

Jules Berthier regarda son fils avec surprise. Il n'avait pas l'habitude que ses décisions soient contestées.

« Je fais ce que je veux chez moi, déclara-t-il. J'ai besoin de Louis ici. À huit ans, il peut travailler aux champs. Et puis, qu'est-ce qu'il irait faire à l'école ?

– Apprendre à lire et à écrire, rétorqua Martin.

– Ça lui servirait à quoi ? Tu sais lire, toi ? »

Martin secoua la tête.

« Moi non plus, assura Jules Berthier.

– Justement ! répliqua Martin. Ce serait bien d'avoir quelqu'un qui sait lire dans la famille ! Il nous rapporte-

[1] *Regarder avec insistance.*

rait les nouvelles du journal. Et le jour de son mariage, il pourra signer l'acte lui-même. »

Jules Berthier resta muet. Il avait envie de couper court à cette discussion, mais quelque chose dans la voix de son fils le retenait. Il l'avait rarement vu aussi déterminé.

Déterminé, Martin l'était. Au point qu'il proposa :

« Si ce n'est que ça, je ferai sa part de travail. Tu ne t'apercevras pas de son absence.

– Et les deux vaches à mener au pré, tu t'en occuperas aussi ? » lança son père.

Une voix fluette jaillit du coin de la pièce :

« J'irai, moi ! »

Manon lança à son père un *sourire enjôleur*[2]. Avec ses boucles brunes et ses yeux rieurs, elle était irrésistible.

« Toi ? s'étonna son père. Tu n'aurais pas peur ?

– Bien sûr que non ! » s'exclama la fillette.

Ça, Jules Berthier voulait bien le croire. Manon avait beau être une fille, elle était beaucoup moins timorée que son jumeau !

« Et qui aidera votre mère à tenir la maison si toi tu files avec les vaches ? »

Lucette se redressa, regarda son mari droit dans les yeux et déclara :

« Je m'en sortirai toute seule. »

Jules Berthier resta sans voix. Ainsi, personne dans cette maison ne partageait ses opinions !

[2] *Un sourire charmeur.*

Il réfléchit et trouva un autre argument :

« Et le trajet, vous y avez pensé ? Six kilomètres dans chaque sens. En plus, notre maison est isolée, il n'aura personne avec qui faire la route.

– Il a de bonnes jambes, fit Martin. Et il pourra rejoindre ceux des Barges à la Croix du Pendu. Et puis, quand il mène les vaches au champ, il est bien tout seul !

– Non, justement. Il a les vaches », maugréa Jules Berthier.

Il se tourna vers son plus jeune fils.

« Louis, approche ! »

Le gamin obéit. Jules Berthier interrogea :

« Tu as envie d'y aller, toi, à l'école ? »

Louis glissa un regard à son frère aîné, à sa sœur, à sa mère. Tous retenaient leur souffle en guettant sa réponse. Il n'avait pas le choix.

« Euh !... Oui ! » répondit-il.

Le lundi suivant, Louis emprunta le chemin de l'école pour la première fois.

« Je l'accompagne au gros chêne ! » lança Manon à sa mère.

Quand ils traversèrent la cour, Martin sortit de l'étable et *donna une bourrade*[3] à son frère.

« Ne traîne pas en route ! Et écoute bien. Ce soir, tu nous raconteras. »

[3] *Secouer fortement.*

Louis hocha la tête sans répondre. Il avait une grosse boule dans la gorge. Jamais il n'avait passé toute une journée loin de sa jumelle ! Et il n'était pas certain d'avoir envie de fréquenter l'école… Il aurait bien mieux valu que ce soit Manon qui y aille. Elle était plus courageuse que lui et elle aimait la nouveauté, elle.

Mais Manon était une fille.

Au gros chêne, les deux enfants s'arrêtèrent.

« Bon, j'y vais… marmonna Louis.

– Oui, tu y vas ! s'exclama sa jumelle.

Elle ajouta en tendant le bras :

– Regarde ! La chatte nous a suivis ! »

Effectivement, la chatte blanche de la maison était assise au milieu du chemin, à quelques pas derrière eux, se léchant la patte avec indifférence.

Un appel résonna :

« Manon !

– Je rentre ! » dit la fillette.

Elle tourna le dos à son frère. Louis ajusta sur son épaule la *musette*[4] contenant son déjeuner, poussa un gros soupir et s'engagea dans la descente qui menait vers les Barges.

La chatte attendit quelques instants, puis elle se leva et le suivit.

En bas de la pente, le chemin longeait les prés communaux, traversait un petit bois, contournait un étang.

[4] *Sac de toile.*

Louis marchait d'un bon pas. Une vingtaine de mètres en arrière, la chatte sautillait d'un côté, de l'autre, sans jamais le perdre de vue. Il ne s'en aperçut pas.

Quand, à la Croix du Pendu, ceux des Barges lui adressèrent de grands signes, Louis sourit. Ils seraient quatre à présent à cheminer vers le village et ce serait plutôt amusant.

La chatte s'arrêta dès qu'elle perçut les voix des autres garçons. Elle s'assit sur son *arrière-train*[5] et resta là jusqu'à ce que le petit groupe ait disparu, puis elle se leva et rentra à la ferme.

Juchée sur la murette qui fermait la cour, Manon guettait son frère. Quand elle le vit déboucher à la hauteur du gros chêne, elle sauta de son perchoir et courut à sa rencontre.

« Alors ? questionna-t-elle avec impatience.

– Alors, c'est loin, répondit son frère.

– Oui ! Je sais ! s'impatienta la fillette. Mais l'école, c'est comment ? »

Louis rassembla ses idées. L'école. Il y avait tellement de choses à raconter !

« D'abord, on est dans la cour, commença-t-il. Il y a ceux du village, ceux des Barges, ceux des Épinettes… Ils arrivent par petits groupes. On est là, on attend.

– Dehors ?

[5] *Sur ses fesses.*

– Dehors. Et puis la porte s'ouvre et le maître surgit et frappe dans ses mains. Alors là, tout le monde se tait. On s'approche et on se met en rang, deux par deux.

– À côté de qui tu étais ?

– À côté de Julien.

– Comment il est le maître ?

– Sévère.

– Normal, commenta la fillette.

– Après, on rentre dans la classe.

– Comment elle est la classe ?

– Ben… Au fond, il y a une *estrade*[6] avec un bureau dessus. C'est pour le maître. Derrière lui, il y a un tableau, tout noir. Ah oui ! Et il y a une petite armoire avec des livres dedans.

– Des livres ! répéta Manon. Tu sais lire, alors ?

– Tu es folle ! Pas déjà…

– Qu'est-ce que tu as fait toute la journée ?

– Je me suis assis à côté de Julien, au fond de la classe, et j'ai écouté. À midi, ceux du village sont rentrés chez eux. Nous, ceux des hameaux, on est restés là, on a sorti nos *gamelles*[7]. On a mangé, après on a joué et on est retournés en classe.

– C'est tout ? fit la fillette, déçue.

– Non. Le maître m'a donné un cahier.

– Montre !

[6] *Plancher surélevé*

[7] *Récipients pour mettre le repas.*

– Il est resté à l'école, mais bientôt, je pourrai l'apporter à la maison. Et j'aurai un livre aussi. »

Martin survint à son tour.

« Alors ? » lança-t-il à son frère.

Louis répéta son histoire.

Le lendemain, puis chaque jour d'école, Manon et la chatte accompagnèrent Louis au gros chêne. C'était devenu un rituel. Quand Louis disparaissait dans la descente, Manon rejoignait la ferme. Elle appelait toujours :

« Minette ! Tu viens ? »

La chatte tournait ses beaux yeux verts vers elle et *emboîtait le pas*[8] à Louis.

« Elle me suit jusqu'à la Croix du Pendu », avait expliqué Louis.

À la ferme, Manon guettait le retour de la chatte. Quand elle la voyait pénétrer dans la cour de son pas tranquille, elle savait que Louis avait rejoint ses camarades.

En rentrant, Louis racontait à sa sœur les événements de la journée. Un soir, il sortit de sa besace un cahier et un livre et s'installa à la table de la cuisine en déclarant :

« J'ai des devoirs.

– Fais voir ! » s'exclama Manon en s'asseyant en face de lui.

D'un air important, Louis ouvrit son cahier. Sur la page blanche, des signes étaient tracés à l'encre violette.

[8] *Suivre quelqu'un de près.*

Manon avait déjà vu des journaux et elle savait que ces signes étaient des lettres. Mais ces lettres étaient différentes de celles des journaux : elles avaient été tracées à la main.

« C'est toi qui as fait ça ? » demanda-t-elle.

Louis hocha la tête.

« T'es fort ! fit-elle, admirative. Et à présent, qu'est-ce que tu dois faire ?

– Réviser. »

Louis posa son doigt sous l'une des lettres et expliqua :

« Tu vois, ça, c'est un «i». Et ça, un «o». »

Il poussa le cahier vers sa sœur.

« Tiens, tu vas m'aider. Montre-moi des lettres, moi je dois dire ce que c'est. »

Manon s'exécuta avec plaisir.

D'un jour à l'autre, les pages du cahier se remplirent de toutes les lettres de l'alphabet et le frère et la sœur les étudièrent ensemble. Ils firent de même lorsque des mots commencèrent à envahir les pages.

Un soir, Louis rentra en traînant les pieds, la tête basse. Comme à son habitude, Manon l'attendait avec impatience.

« On fait les devoirs ? proposa-t-elle dès que son jumeau eut posé sa besace.

– Je n'en ai pas, aujourd'hui », grogna Louis.

Il quitta la cuisine et rejoignit son frère et son père à l'étable.

Le soir suivant, la même scène se répéta.

La nuit suivante, Manon dormit mal.

Au matin, elle accompagna son frère au gros chêne comme à son habitude. Louis traînait les pieds et restait muet. Il ne lui adressa même pas un petit signe avant de disparaître en bas du chemin.

Manon avait les cages des lapins à nettoyer et elle se mit au travail avec entrain. Au bout d'un moment, elle se redressa, fronça les sourcils, fouilla la cour du regard, appela :

« Minette ! Minette ! »

Elle s'attendait à voir la chatte blanche bondir joyeusement vers elle, mais rien ne se produisit.

« Minette, tu es où ? » appela-t-elle encore.

Toujours rien.

Elle abandonna les lapins et courut à la recherche de sa mère. Celle-ci se trouvait au jardin.

« Tu n'as pas vu Minette ? » demanda Manon.

Sa mère secoua la tête et proposa :

« À la cuisine, peut-être ? »

Manon fonça dans la maison. La chatte n'y était pas. Elle fit le tour de la ferme : l'étable, la porcherie, la grange… Rien.

Elle se mordilla le pouce d'un air songeur. La chatte avait suivi Louis comme à son habitude, mais, aujourd'hui, elle n'était pas revenue. Qu'est-ce que cela pouvait bien signifier ?

L'heure du déjeuner arriva et la chatte n'avait toujours pas réapparu. Dès la dernière bouchée avalée, Manon se prépara à mener les vaches aux champs. Elle cala le tricot qu'elle avait commencé sous le bras, s'empara d'un long bâton, fit sortir les vaches de l'étable et les poussa vers le bas du chemin, vers les prés communaux.

Une chance, Mélanie, la fille de la ferme des Gasses, était là avec ses deux vaches.

Sitôt arrivée, Manon lui demanda :

« Mélanie, tu ne veux pas garder mes vaches en même temps que les tiennes ? »

Elle avait déjà tout calculé dans sa tête. Si la chatte n'était pas revenue, c'est qu'il était arrivé quelque chose à Louis. Elle devait partir à sa recherche, suivre le chemin qu'il utilisait chaque matin. En marchant vite, elle avait le temps de faire l'aller-retour.

Mélanie haussa les épaules.

« Si tu veux, mais je vais m'ennuyer toute seule !

– Merci ! » lança Manon.

Elle filait déjà quand Mélanie cria :

« Reviens avant l'heure où je dois rentrer, sinon, tes vaches resteront seules !

– Oui, oui ! » cria Manon par-dessus son épaule.

Elle rejoignit la Croix du Pendu sans trouver trace ni de Louis ni de la chatte. Là, elle s'arrêta, reprit son souffle, réfléchit, marmonna :

« Tant pis. J'y vais. »

Et elle s'élança vers le village.

Aux premières maisons, elle ralentit le pas. Qu'allait-elle faire à présent ? Frapper à la porte de l'école et demander des nouvelles de Louis ? Impossible.

Soudain, des cris joyeux lui parvinrent. C'était la récréation ! Elle s'approcha de l'école, risqua un coup d'œil par-dessus le mur. Une bande de garçons courait dans tous les sens, mais Louis n'était pas parmi eux. Peut-être était-il resté dans la classe ? « En retenue », comme il disait. Son jumeau lui avait expliqué que ça arrivait parfois, quand le maître trouvait qu'un élève n'avait pas assez travaillé.

Elle regarda à nouveau les garçons. Elle ne devait pas perdre de temps, la récréation n'allait pas durer. Elle avisa l'un d'eux. Elle le connaissait. C'était le grand Gérard, celui des Barges. Lui pouvait lui donner des nouvelles de Louis ! Chaque jour, il faisait le chemin avec son jumeau.

« Psiiiiiitttt ! » fit Manon, essayant d'attirer son attention.

Gérard ne l'entendit pas.

« Psiiiiiitttt ! » refit Manon plus fort.

Cette fois, Gérard se tourna vers elle.

« Manon ! Mais qu'est-ce que tu fais là ?

– Je cherche Louis ! souffla la fillette. Il est dans la classe ? »

Gérard secoua la tête.

« Non. Justement, on se demandait ce qu'il avait. Il est malade ? »

Manon sentit son cœur battre plus fort.

« Vous ne l'avez pas vu, aujourd'hui ?

– Non. Il n'était pas à la Croix du Pendu ce matin. Qu'est-ce qu'il lui arrive ?

– Rien. Merci, Gérard. Je dois filer. »

Et avant que Gérard ait eu le temps d'ajouter une parole, Manon détala.

Elle parcourut à toute allure la distance qui séparait le village de la Croix du Pendu. Inutile de perdre du temps sur cette portion du trajet : si Louis n'était pas au rendez-vous du matin, c'est qu'il avait disparu avant.

Plus Manon avançait, plus l'angoisse montait. Qu'était-il arrivé à son frère ?

De retour à la Croix du Pendu, elle se sentit bien seule. Le lieu était désert. Elle chercha un indice. N'en trouva pas. Elle commença à contourner l'étang, scrutant sa surface. Et si Louis avait glissé ? S'il était tombé dans l'eau ?

Elle appela :

« Louis ! Louis ! »

Seul le cri d'un canard sauvage lui répondit.

Le petit bois à présent.

« Louis ! Louis ! »

Ses appels se perdirent entre les troncs d'arbres.

Elle ralentit. Bientôt, elle serait aux prés communaux et elle n'avait trouvé aucune trace de son frère.

Et soudain, elle eut une idée.

La cabane !

Ils l'avaient édifiée l'été dernier, au fond du bois, pendant que leur père et Martin coupaient des arbres. Louis adorait cet endroit. Quand ils y étaient, il n'avait jamais envie de rentrer.

Elle s'engagea résolument sous le couvert, retrouva le sentier que leur père avait aménagé. Tout était silencieux, pourtant, elle ne se laissa pas impressionner.

Quand elle parvint à la cabane, elle comprit qu'elle avait vu juste. La chatte était là, assise sur les feuilles mortes, le regard fixé sur la cabane adossée au tronc d'un chêne. Lorsqu'elle entendit les pas de Manon sur les feuilles, elle tourna la tête vers elle et fit :

« Miaou !

– Ah ! Tu es là, la chatte ! répondit Manon. Et Louis, il est là aussi ?

– Miaou ! répéta la chatte.

– C'est bien ce que je pensais », murmura Manon.

Elle se baissa pour pénétrer dans la cabane. Louis était assis au fond, la tête posée sur ses genoux repliés.

« Louis ! appela Manon.

– Laisse-moi, grogna le garçon.

– Louis, tu m'as fait une de ces peurs ! Je t'ai cherché partout.

– M'en fiche ! »

Manon se laissa tomber à côté de son jumeau.

« Dis-moi plutôt ce qui t'arrive. »

La voix tremblante, au bord des larmes, Louis raconta :

« Hier, le maître m'a puni. Avant-hier aussi. Et le jour d'avant…

– Puni ! s'exclama la fillette. Mais pourquoi ? Qu'est-ce que tu as fait ?

– J'y arrive pas.

– À quoi ?

– À lire les mots.

– Tu y arrivais pourtant !

– Oui, mais là on les assemble. Il faut les lire ensemble, dans des phrases. Je n'y arrive pas. »

Louis prit une profonde inspiration et avança :

« Manon, je ne veux plus aller à l'école.

– Tu es fou ! Que dira Martin ?

– Il a qu'à y aller, lui, s'il est si malin !

– Et maman ?

– Elle ne sait pas lire, elle ne s'en porte pas si mal. »

Manon réfléchit puis ordonna :

« Sors ton cahier. »

Louis connaissait sa sœur, elle était têtue. Tant qu'il n'aurait pas obéi, elle ne le laisserait pas tranquille. *De mauvaise grâce*[9], il attira la musette à lui et en sortit son cahier.

« Voyons ça, marmonna Manon en tournant les pages. Toutes ces lettres, tu les connais ?

– Oui.

– Ces mots-là aussi ?

[9] *Ne pas avoir envie.*

– Oui.

– Bon, alors où est le problème ?

– Là ! » répliqua Louis en tournant la page suivante et en désignant une suite de mots assemblés en phrases.

Manon les considéra puis montra le premier.

« Celui-ci, tu le connais. Vas-y.

– « Le » ânonna Louis de mauvaise grâce.

– Bien. »

Manon choisit un autre mot facile et recommença. Ils continuèrent ainsi et Manon déclara :

« Tu vois, pris séparément, tu les connais, les mots. Tu n'as plus qu'à les lire l'un après l'autre. Ce n'est pas compliqué, quand même ! Allez, on commence. »

Elle posa le doigt sous le premier mot.

« Le », commença Louis.

Puis avec effort :

« chat ».

Il buta sur le troisième. Manon l'aida :

« Dort ».

– « Dort », répéta Louis.

– Tu vois, c'est facile ! Allez, fais un effort ! »

Sous les encouragements de sa jumelle, Louis poursuivit sa lecture.

Manon passa à la deuxième phrase et Louis se prêta au jeu. Avec sa jumelle, il reprenait confiance et tout lui paraissait plus clair.

« Tu as compris, maintenant ? interrogea-t-elle enfin.

– Je crois.

– Alors, tu retournes à l'école ?

– Si tu veux, fit Louis du bout des lèvres.

– Évidemment que je veux ! C'est trop amusant tout ce que tu racontes ! Mais qu'est-ce que tu diras au maître pour expliquer ton absence ?

– Que tu étais malade, que j'ai dû te remplacer car tu ne pouvais pas mener les vaches aux champs…

– Les vaches ! l'interrompit Manon en sautant sur ses pieds. Elles doivent être toutes seules ! Je les ai laissées à Mélanie pour partir à ta recherche, mais tu penses, à l'heure qu'il est, elle est rentrée chez elle, Mélanie ! »

Louis rangea précipitamment son cahier dans sa musette et les deux enfants se ruèrent dans le bois.

« Miaou ! » miaula la chatte avant de bondir derrière eux.

Les prés communaux étaient déserts. Mélanie et ses vaches étaient parties et les deux bêtes des Berthier avaient disparu.

« Que va dire papa ? se lamenta Manon.

– Attends, je les connais, ces deux-là, dit Louis. Ce n'est pas la première fois qu'elles se retrouvent seules et je sais où elles sont, dans ce cas-là !

– Tu as déjà laissé les vaches sans surveillance ! fit Manon, *effarée*[10].

[10] *Stupéfaite.*

– Qu'est-ce que tu crois ! Quand je rejoignais le grand Gérard de l'autre côté du bois, j'en faisais quoi, des vaches, à ton avis ? Bouge pas. Je vais te les ramener. »

Effectivement, une vingtaine de minutes plus tard, Louis revint en poussant les deux bêtes devant lui.

Il adressa un clin d'œil à sa sœur.

« Je te le dis pour une autre fois : quand elles sont seules, elles vont dans le pré de la Bourdière.

– Mais il est au voisin ! s'exclama Manon, horrifiée.

– Et alors ? Il ne s'est jamais plaint, le voisin ! »

Le lendemain, Louis reprit le chemin de l'école. Manon l'accompagna jusqu'au gros chêne.

« Et tu y vas, hein ! lança-t-elle.

– Oui, oui, assura Louis.

– De toute façon, si tu refais l'*école buissonnière*[11], je serais vite avertie, avec la chatte !

– Ne t'en fais pas.

– Et tes copains, ils ne diront rien au maître ?

– Penses-tu !

– Reviens vite ! Je t'aiderai pour tes devoirs. »

À la fin de l'année scolaire, Louis savait lire.

Les grandes vacances s'écoulèrent et la rentrée des classes ramena le maire. Quand le père Berthier le vit entrer dans la cuisine, il prit les devants :

[11] *Faire semblant d'aller à l'école mais finalement se cacher pour ne pas y aller !*

« Louis retournera à l'école, cette année. Il s'est bien habitué et nous aussi. Il nous aide pendant les vacances. »

Le maire toussota et dit :

« Ce n'est pas pour Louis que je viens.

– Pas pour Louis ? s'étonna le père Berthier. Si c'est pour Martin, je t'arrête tout de suite, c'est non !

– Ce n'est pas pour Martin non plus.

– Pas pour Martin non plus, répéta le père Berthier. Eh bien, je ne vois pas… »

Il suivit le regard du maire qui s'était posé sur Manon, debout à côté de son jumeau.

« Manon ! fit-il, le souffle coupé.

– Nous avons décidé d'ouvrir une classe pour les filles, expliqua le maire. Dans le village, plusieurs sont déjà inscrites. Dans les hameaux, nous avons la sœur du grand Gérard, sans doute Mélanie et… la tienne, si tu veux bien.

– Mais à quoi cela servira à Manon d'apprendre à lire ?

– À vivre avec son temps », répliqua le maire.

Le père Berthier se tourna vers sa fille. Manon le regardait, les yeux brillants. Elle dit :

« Je sais déjà lire ! »

Tous la dévisagèrent.

« Comment ça, tu sais déjà lire, releva le maire. Comment as-tu appris ?

– Avec Louis, en l'aidant dans ses devoirs.

– Même qu'elle lit sûrement mieux que moi ! confirma Louis.

– Montre-nous ça », demanda le maire en tirant de sa poche un journal qu'il posa sur la table.

Manon déplia le journal et commença à lire sans hésiter.

« Ça par exemple ! » s'exclama le père Berthier.

Il donna une bourrade au maire :

« Tu vois, ma fille sait déjà lire. Elle n'a pas besoin d'aller à l'école !

– Oh ! si, déclara Manon. Maintenant, je veux apprendre à écrire. Comme Louis ! »

C'est ainsi que le lendemain, Louis et Manon partirent pour la première fois à l'école ensemble. Côte à côte, chacun muni de sa musette, ils rejoignirent le gros chêne et s'engagèrent dans le chemin qui descend vers les Barges.

Et la chatte blanche ?

La chatte blanche resta assise sur le mur de la ferme à les regarder s'éloigner. Ils étaient deux à présent ; elle estima que son rôle de gardienne était terminé.

Fin

À propos de...

Rubrique rédigée par **Serge Boëche**

La révolution française

- **14 juillet 1789** : *1er jour de la Révolution. C'est la prise de la Bastille (prison) par le peuple de Paris parce que le roi Louis XVI avait refusé toutes les réformes demandées par le peuple.*

- **1790** : *Fête de la Fédération. 100 000 personnes viennent à Paris.*

- **Les sans-culottes** : *ce sont les paysans et les ouvriers qui portent des pantalons et non pas une culotte comme les riches nobles et bourgeois.*

- **1789** *est la grande année de la Révolution :*

– prise de la Bastille (prison) ;
– fin des privilèges réservés aux nobles et aux curés ;
– Déclaration des droits de l'homme et du citoyen.

- **1791** : *le 21 juin, le roi tente de s'enfuir mais il est arrêté à Varennes par un simple aubergiste. On le ramène à Paris où il sera jugé et condamné à mort (guillotine) en 1793. C'est la fin de la monarchie (roi).*

- **De 1793 à 1794** : *c'est la « Terreur » organisée et menée par Robespierre. Il fait tuer par la guillotine tous les gens soupçonnés d'être contre la Révolution. Il sera lui-même guillotiné en 1794.*

- *Les révolutionnaires républicains doivent faire face à une guerre civile et une tentative d'invasion par l'Autriche et par la Prusse (Allemagne).*

- **1799** *: après cinq années de désordre durant lesquelles la France est gouvernée par cinq personnes (c'est un directoire), un jeune général de l'armée révolutionnaire s'empare du pouvoir, tout seul, par un « Coup d'État ». Il s'agit de Napoléon Bonaparte. C'est la fin de la 1re République et c'est le début du Consulat.*

- *La «* **Marseillaise** *» est le chant patriotique que les fédérés qui venaient de Marseille chantaient à Paris en 1792. Ce chant a été composé par Rouget de Lisle et il deviendra « l'hymne » de la France.*

Allons ! Enfants de la Patrie,
Le jour de gloire est arrivé !
Contre nous de la tyrannie,
L'étendard sanglant est levé ! (bis)
Entendez-vous dans les campagnes
Mugir ces féroces soldats ?
Ils viennent jusque dans vos bras
Égorger vos fils, vos compagnes !

REFRAIN

Aux armes, citoyens !
Formez vos bataillons !
Marchons, marchons !
Qu'un sang impur…
Abreuve nos sillons !

L'école des enfants du XIXe siècle (de 1800 à 1899)

• **Les enfants bourgeois** *(familles riches) :*
– chacun a sa chambre ;
– ils mangent à la table des parents ;
– ils apprennent la politesse et s'instruisent avec les domestiques (gouvernantes pour les filles et précepteurs pour les garçons) ;
– ils vont dans les écoles privées (payantes).

• **Les enfants du peuple**, *paysans, ouvriers (familles pauvres) :*
– tous dorment dans la même chambre ;
– pas de jouets ;
– ils mangent souvent des pommes de terre à l'eau avec un peu de graisse ;
– certains doivent mendier pour survivre et changer de quartier à cause de la police, sinon ils sont envoyés à l'école (c'est la grande punition) ;
– la plupart travaillent dès 6 ou 7 ans pendant 12 heures par jour, dans des usines, des mines ou des chantiers ;
– ils sont souvent malades ou blessés, et beaucoup meurent avant l'âge adulte.

• **Les enfants et l'école** *:*
– c'est l'Église qui s'occupe des écoles avant la Révolution de 1789 ;
– quand l'école est devenue gratuite et obligatoire, beaucoup d'entre eux n'y allaient pas pour aider les parents à travailler ;
– 80% des enfants allaient à l'école l'hiver ;
– 30% seulement l'été (travaux dans les champs) ;
– l'école maternelle s'appelait « salle d'asile » jusqu'en 1882 ;
– Jules Ferry crée l'école de la République : gratuite, laïque et obligatoire en 1881 ;

– les enseignants sont laïques (pas de religion) ;
– la gymnastique servait à préparer les enfants à devenir des soldats ;
– la morale avait une grande importance ;
– apprendre à lire, écrire et compter est la base de l'enseignement.

• **Les enfants et les loisirs** :
– à Noël, on préparait le sapin et on mettait les souliers près de la cheminée pour que le petit Jésus apporte des cadeaux (le père Noël l'a remplacé à la fin du XIXe siècle) ;
– les enfants pauvres avaient une friandise et un jouet fabriqué par le père. Les riches avaient des poupées en porcelaine, des petits soldats... ;
– le Guignol est leur spectacle préféré ;
– la littérature enfantine : contes de Perrault, livres de la comtesse de Ségur, Jules Verne...

ISSN : 2119–4203
ISBN : 978–2–7581–0988–4

Société d'Édition et de Diffusion
pour la Recherche et l'Action Pédagogique.
9 rue des Frères-Boudé • BP 10665 • 31106 Toulouse Cedex 1
www.sedrap.fr

Loi n° 49-956 du 16 juillet 1949 sur les publications destinées à la jeunesse.
Dépôt légal : 3e trimestre 2011
réf : HTPMRO
Achevé d'imprimer en Espagne par Graficas Lizarra: Août 2012